I0151695

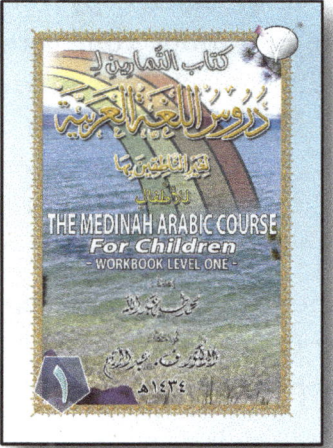

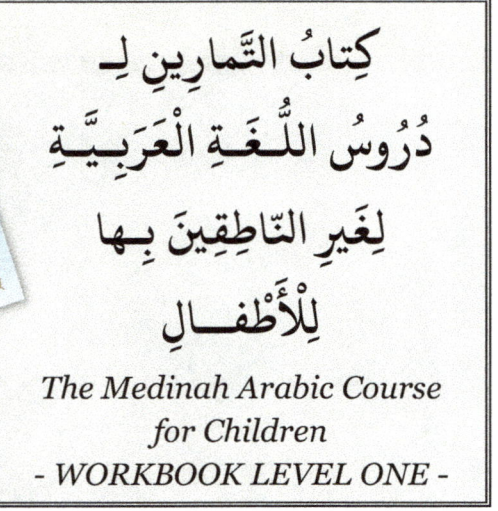

كِتابُ التَّمارِينِ لِـ
دُرُوسُ اللُّغَةِ الْعَرَبِيَّةِ
لِغَيرِ النّاطِقِينَ بِها
لِلْأَطْفالِ

The Medinah Arabic Course
for Children
- WORKBOOK LEVEL ONE -

TAHA ARABIC BOOKS (KT 0294726-K)

This particular book of mine, '*The Medinah Arabic Course For Children : WORKBOOK LEVEL ONE*' may be photocopied as the mere using of it renders it un-usable. With respect to this, and without having to resort to adding 'consequential actions' such as stating :

Please visit both Dr V. Abdur Rahim's website for the Arabic Language, and particularly mine for additional material and tips relating to calligraphy, the Arabic Language, teaching methodology as well as a complete teacher's guide (كِتابُ الْمُعَلِّمِ) for the seven-book children's series :

www.DrVaniya.com ***www.Taha-Arabic.com***

Shukran! شُكْرًا! Thank you!

مَعْلُوماتُ الدَّارِسِ/الدَّارِسَةِ

اَسْمُ التِّلْمِيذِ/التِّلْمِيذَةِ : ______________________

الْعُنْوانُ : ______________________

____

____

____

اَسْمُ الْمَدْرَسَةِ : ______________________

اَسْمُ الْأُسْتاذِ/الْأُسْتاذَةِ : ______________________

الْفَصْلُ : ______________________

السَّنَةُ : ______________________

رَقْمُ الْهاتِفِ : ______________________

مَعْلُوماتٌ أُخَرُ شَخْصِيَّةٌ

____

____

____

____

الاَسْمُ : ____________

(١) تَمارِينُ الدَّرْسِ الأَوَّلِ

١ أُكْتُبْ (أُكْتُبِي) كُلَّ كَلِمَةٍ فِيما يَلِي :

(١) و ____________ ____________

(٢) هذا ____________ ____________

(٣) مسجد ____________ ____________

(٤) بيت ____________ ____________

٢ أُكْتُبْ (أُكْتُبِي) «ٌ» عَلَىٰ آخِرِ كُلِّ كَلِمَةٍ :

● مَسْجِدٌ

(١) بَيْـــت

(٢) مَسْجِد

(٣) بَيْـــت

(٤) مَسْجِد

(٥) بَيْـــت

٣ صِلْ (صِلِي) بَيْنَ الْجُمَلِ وَالصُّوَرِ :

هٰذَا مَسْجِدٌ.

هٰذَا بَيْتٌ.

هٰذَا بَيْتٌ.

هٰذَا مَسْجِدٌ.

٤ لَوِّنْ (لَوِّنِي) هٰذِهِ الصُّورَةَ :

الاسْمُ : ____________

(٢) تَمارِينُ الدَّرْسِ الثَّانِي

١ أُكْتُبْ (أُكْتُبِي) كُلَّ كَلِمَةٍ فِيما يَلِي :

(١) قلم ____________ ____________

(٢) ما ____________ ____________

(٣) هذا ____________ ____________

(٤) كتاب ____________ ____________

٢ أُكْتُبْ (أُكْتُبِي) « ـٌ » عَلَىٰ آخِرِ كُلِّ كَلِمَةٍ :

(١) كِتَـــــاب

(٢) قَلَـــــم

(٣) بَـيْـــــت

(٤) كِتَـــــاب

(٥) مَـسْجِـــــد

(٦) قَلَـــــم

٣ صِلْ (صِلِي) بَيْنَ الْجُمَلِ وَالصُّوَرِ :

هٰذا مَسْجِدٌ.

هٰذا قَلَمٌ.

هٰذا بَيْتٌ.

هٰذا كِتابٌ.

٤ أُدْخُلْ (أُدْخُلِي) مِنْ هُنا، وَٱخْرُجْ (وَٱخْرُجِي) مِنْ هُناكَ :

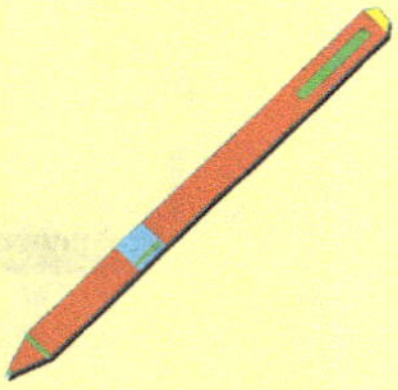

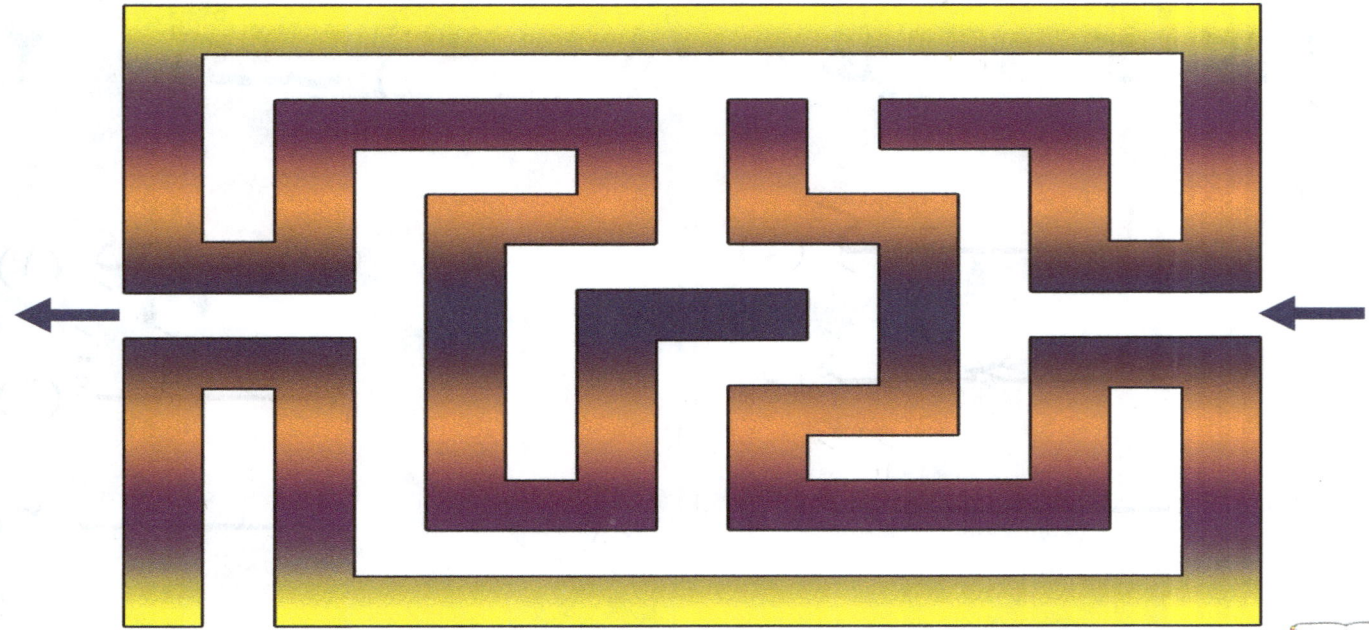

الاسْمُ : ________

(٣) تَمارِينُ الدَّرْسِ الثَّالِثِ

١ أُكْتُبْ (أُكْتُبِي) كُلَّ كَلِمَةٍ فِيما يَلِي :

(١) كِتاب ________ ________

(٢) نعم ________ ________

(٣) لا ________ ________

(٤) قلم ________ ________

٢ ضَعْ (ضَعِي) «✓» أَوْ «✗» فِي الْفَراغِ :

____

هٰذا كِتابٌ.

____ أَكِتابٌ هٰذا؟ نَعَمْ، هٰذا كِتابٌ.

____ أَبَيْتٌ هٰذا؟ لا، هٰذا مَسْجِدٌ.

٣ صِلْ (صِلِي) بَيْنَ الْجُمَلِ وَالصُّوَرِ :

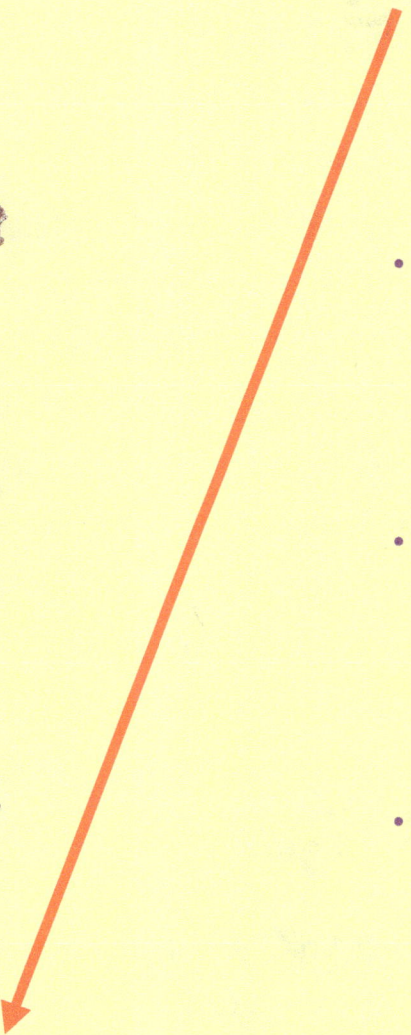

هٰذا مَسْجِدٌ.

هٰذا قَلَمٌ، وَهٰذا كِتابٌ.

هٰذا بَيْتٌ، وَهٰذا مَسْجِدٌ.

ما هٰذا؟ هٰذا قَلَمٌ.

أَبَيْتٌ هٰذا؟ نَعَمْ.

هٰذا كِتابٌ.

الاسْمُ : ____________

(٤) تمارين الدَّرْسِ الرَّابِعِ

١ أُكْتُبْ (أُكْتُبِي) كُلَّ كَلِمَةٍ فِيما يَلِي :

(١) ذٰلِك ____________ ____________

(٢) مسجد ____________ ____________

(٣) كتاب ____________ ____________

(٤) و ____________ ____________

٢ ضَعْ (ضَعِي) «✓» أَوْ «✗» فِي الْفَراغِ :

____ هٰذا كِتابٌ، وَذٰلِكَ قَلَمٌ.

____ أَبَيْتٌ هٰذا؟ نَعَمْ، هٰذا بَيْتٌ.

____ هٰذا مَسْجِدٌ، وَذٰلِكَ بَيْتٌ.

٣ صِلْ (صِلِي) بَيْنَ الْأَسْئِلَةِ وَالْأَجْوِبَةِ :

أَمَسْجِدٌ هٰذا؟	هٰذا قَلَمٌ، وَذٰلِكَ بَيْتٌ.
ما ذٰلِكَ؟	نَعَمْ، هٰذا مَسْجِدٌ.
أَبَيْتٌ هٰذا؟	نَعَمْ، ذٰلِكَ كِتابٌ.
ما هٰذا، وَما ذٰلِكَ؟	لا، ذٰلِكَ كِتابٌ.
أَقَلَمٌ ذٰلِكَ؟	ذٰلِكَ مَسْجِدٌ.
أَكِتابٌ ذٰلِكَ؟	نَعَمْ، هٰذا بَيْتٌ.

(٥) تَمارِينُ الدَّرْسِ الْخامِسِ

الاَسْمُ : ________

١ أُكْتُبْ (أُكْتُبِي) كُلَّ كَلِمَةٍ فِيما يَلِي :

(١) فاطمة ________ ________

(٢) خالد ________ ________

(٣) آمنة ________ ________

(٤) محمد ________ ________

٢ أُكْتُبْ (أُكْتُبِي) «ٌ» أَوْ «ُ» عَلَىٰ آخِرِ كُلِّ كَلِمَةٍ :

(١) مُحَمَّـــد
(٢) فاطِمَـــة
(٣) مَسْجِـــد
(٤) آمِـنَـــة
(٥) خالِـــد
(٦) كِتـــاب

٣ أُكْتُبْ (أُكْتُبِي) «مَا» أَوْ «مَنْ» فِي الْفَرَاغِ :

(١) _____ هٰذَا؟   هٰذَا مُحَمَّدٌ.

(٢) _____ هٰذِهِ؟   هٰذِهِ فَاطِمَةُ.

(٣) _____ هٰذَا، وَ _____ ذٰلِكَ؟

(٤) _____ ذٰلِكَ؟   ذٰلِكَ خَالِدٌ.

(٥) _____ هٰذَا؟   هٰذَا بَيْتٌ.

٤ أُكْتُبْ (أُكْتُبِي) «نَعَمْ» أَوْ «لَا» فِي الْفَرَاغِ :

(١) أَقَلَمٌ ذٰلِكَ؟   _____.

(٢) أَبَيْتٌ هٰذَا؟   _____.

(٣) أَخَالِدٌ هٰذَا؟   _____.

(٤) وَهٰذَا، أَخَالِدٌ هٰذَا؟!   _____.

٥ صِلْ (صِلِي) بَيْنَ الْأَسْئِلَةِ وَالْأَجْوِبَةِ :

أَمَسْجِدٌ ذٰلِكَ؟	هٰذِهِ فاطِمَةُ.
أَمَسْجِدٌ هٰذا؟	هٰذا خالِدٌ، وَهٰذِهِ آمِنَةُ.
مَنْ هٰذِهِ؟	نَعَمْ، ذٰلِكَ مَسْجِدٌ.
أَقَلَمٌ هٰذا؟	لا ، ذٰلِكَ كِتابٌ.
أَقَلَمٌ ذٰلِكَ؟	نَعَمْ، هٰذا قَلَمٌ.
مَنْ هٰذا، وَمَنْ هٰذِهِ؟	لا ، هٰذا بَيْتٌ.

٦ صِلْ (صِلِي) بَيْنَ الْجُمَلِ وَالصُّوَرِ :

ذٰلِكَ مَسْجِدٌ.

هٰذِهِ فاطِمَةُ.

هٰذا كِتابٌ.

هٰذا خالِدٌ.

ذٰلِكَ بَيْتٌ.

هٰذا قَلَمٌ.

هٰذِهِ آمِنَةُ.

هٰذا مُحَمَّدٌ.

الْأِسْمُ :

(٦) تَمارِينُ الدَّرْسِ السَّادِسِ

١ أُكْتُبْ (أُكْتُبِي) كُلَّ كَلِمَةٍ فِيما يَلِي :

(١) عارف (١) (٢) (٣) (٤) (٥) ____________ ____________

(٢) تلك ____________ ____________

(٣) عائشة (١) (٢) (٣) (٤) (٥) ____________ ____________

٢ اِمْلَأْ (اِمْلَئِي) كُلَّ فَراغٍ بِالْحَرْفِ الصَّحِيحِ :

● الْمِثالُ : خالِــــدٌ

(١) بَــيْــ______

(٢) عائِــ______ـــةُ

(٣) ______ـتـابٌ

(٤) مَــ______ـجِدٌ

(٥) آمِــ______ـةُ

(٦) عـ______ـرِفٌ

(٧) ______ـلَمٌ

٣ أُكْتُبْ (أُكْتُبِي) «ذٰلِكَ» أَوْ «تِلْكَ» فِي الْفَراغِ :

(١) ______ عـــارِفٌ.

(٢) ______ فاطِمَةُ، وَ______ عائِشَةُ.

(٣) أَآمِـنَـةُ ______؟ لا، تِلْكَ فاطِمَةُ.

(٤) ______ عائِشَةُ، وَ______ خالِدٌ.

٤ أُكْتُبْ (أُكْتُبِي) «هٰـذا» أَوْ «هٰـذِهِ» فِي الْفَراغِ :

(١) مَنْ هٰـذِهِ؟ ______ عائِشَةُ.

(٢) هٰـذا مُحَمَّدٌ، وَ______ خالِدٌ.

(٣) أَمَسْجِدٌ هٰـذا؟ لا، ______ بَيْتٌ.

(٤) مَنْ ______؟ هٰـذا عارِفٌ.

(٥) ما هٰـذا، وَمَنْ هٰـذِهِ؟ ______ قَلَمٌ، وَ______ آمِنَةُ.

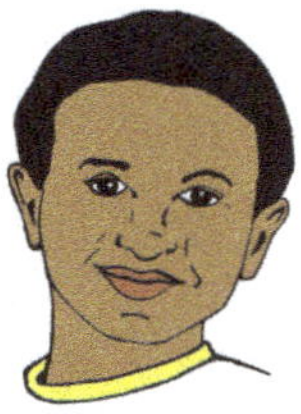

٥ صِلْ (صِلِي) بَيْنَ الْأَسْئِلَةِ وَالْأَجْوِبَةِ :

مَنْ ذٰلِكَ؟	تِلْكَ فاطِمَةُ.
أَكِتابٌ هٰذا؟	نَعَمْ، هٰذِهِ عائِشَةُ.
مَنْ تِلْكَ؟	هٰذا بَيْتٌ.
أَمَسْجِدٌ ذٰلِكَ؟	نَعَمْ، ذٰلِكَ مَسْجِدٌ.
أَعائِشَةُ هٰذِهِ؟	ذٰلِكَ مُحَمَّدٌ.
ما هٰذا؟	لا، هٰذا قَلَمٌ.

٦ صِلْ (صِلِي) بَيْنَ الْجُمَلِ وَالصُّوَرِ :

هٰذا مُحَمَّدٌ.

هٰذِهِ فاطِمَةُ.

ذٰلِكَ خالِدٌ.

تِلْكَ عائِشَةُ.

٧ اُدْخُلْ (اُدْخُلِي) مِنْ هُنا، وَاخْرُجْ (وَاخْرُجِي) مِنْ هُناكَ :

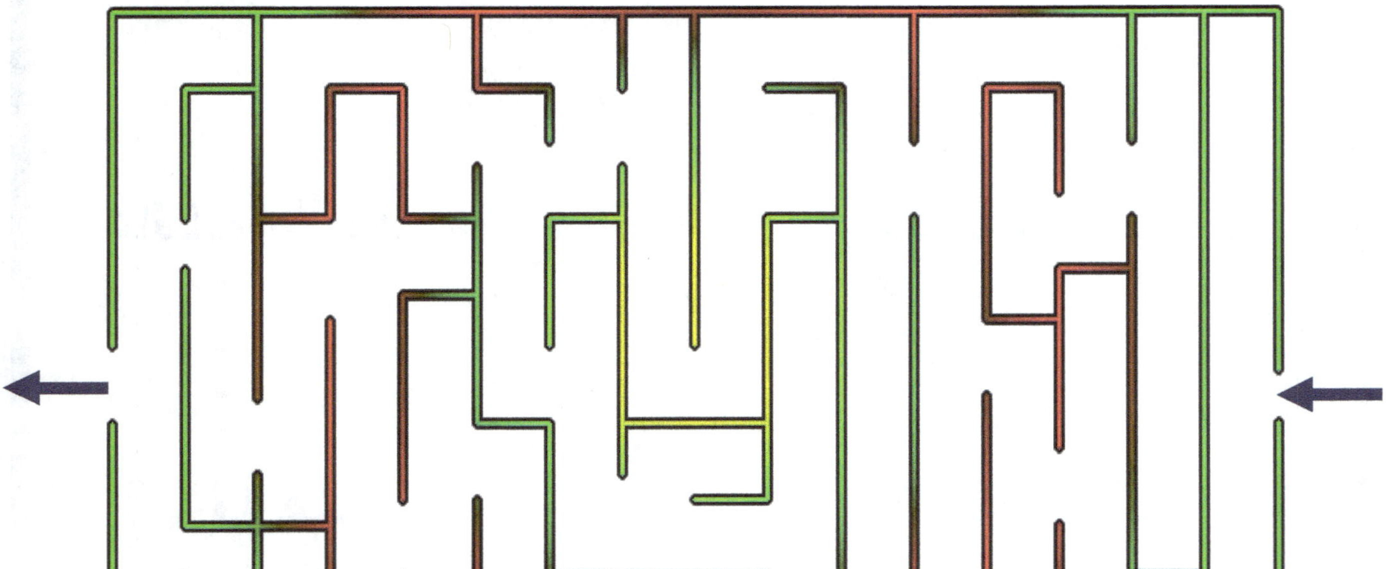

الاسْمُ : ____________

(٧) تَمارِينُ الدَّرْسِ السَّابِعِ

١ أُكْتُبْ (أُكْتُبِي) كُلَّ كَلِمَةٍ فِيما يَلِي :

(١) مكتب ____________ ____________

(٢) كرسي ____________ ____________

(٣) بقرة ____________ ____________

(٤) البطة ____________ ____________

٢ أُكْتُبْ (أُكْتُبِي) «هٰذا» أَوْ «هٰذِهِ» فِي الْفَراغِ :

(١) ______ مَكْتَبٌ، وَ______ بَطَّةٌ.

(٢) ______ فاطِمَةُ، وَ______ عارِفٌ.

(٣) ما هٰذا، وَما ______؟ هٰذا كُرْسِيٌّ، وَهٰذِهِ بَقَرَةٌ.

٣ أُكْتُبْ (أُكْتُبِي) «ما» أَوْ «مَنْ» فِي الْفَراغِ :

(١) ـــــــ هٰذا؟ هٰذا قَلَمٌ.

(٢) وَـــــــ تِلْكَ؟ تِلْكَ بَقَرَةٌ.

(٣) ـــــــ هٰذا، وَـــــــ هٰذِهِ؟ هٰذا مَكْتَبٌ، وهٰذِهِ فاطِمَةُ.

(٤) وَذٰلِكَ، ـــــــ ذٰلِكَ؟ ذٰلِكَ مَسْجِدٌ.

(٥) ـــــــ تِلْكَ، وَـــــــ ذٰلِكَ؟ تِلْكَ آمِنَةُ، وذٰلِكَ كُرْسِيٌّ.

٤ أُكْتُبْ (أُكْتُبِي) «ذٰلِكَ» أَوْ «تِلْكَ» فِي الْفَراغِ :

(١) أَعائِشَةُ ـــــــ؟ نَعَمْ، ـــــــ عائِشَةُ.

(٢) هٰذا خالِدٌ، وَـــــــ مُحَمَّدٌ.

(٣) ما ـــــــ، وَما ـــــــ؟ ـــــــ بَطَّةٌ، وَذٰلِكَ قَلَمٌ.

(٤) أَمَكْتَبٌ ـــــــ؟ لا، ـــــــ كِتابٌ.

٥ صِلْ (صِلِي) بَيْنَ الْأَسْئِلَةِ وَالْأَجْوِبَةِ :

أَبَطَّةٌ هٰذِهِ؟	نَعَمْ، هٰذا كِتابٌ.
أَقَلَمٌ ذٰلِكَ؟	نَعَمْ، هٰذِهِ بَطَّةٌ.
أَخالِدٌ هٰذا؟	نَعَمْ، ذٰلِكَ قَلَمٌ.
أَبَطَّةٌ تِلْكَ؟	لا، هٰذا عارِفٌ.
أَبَقَرَةٌ تِلْكَ؟	لا، تِلْكَ بَقَرَةٌ.
أَفاطِمَةُ هٰذِهِ؟	نَعَمْ، تِلْكَ بَقَرَةٌ.
أَكِتابٌ هٰذا؟	لا، هٰذِهِ عائِشَةُ.

٦ صِلْ (صِلِي) بَيْنَ الْجُمَلِ وَالصُّوَرِ :

هٰذا خالِدٌ.

هٰذِهِ بَطَّةٌ.

هٰذِهِ بَقَرَةٌ.

هٰذا كُرْسِيٌّ.

هٰذا قَلَمٌ.

هٰذا مَكْتَبٌ.

هٰذِهِ آمِنَةٌ.

٧ صِلْ (صِلِي) بَيْنَ الْجُمَلِ وَالصُّوَرِ :

هٰذا كُرْسِيٌّ، وذٰلِكَ مَكْتَبٌ.

هٰذِهِ بَقَرَةٌ، وَذٰلِكَ كُرْسِيٌّ.

هٰذِهِ بَطَّةٌ، وَذٰلِكَ مَكْتَبٌ.

هٰذِهِ بَقَرَةٌ، وَتِلْكَ بَطَّةٌ.

هٰذا كُرْسِيٌّ، وَتِلْكَ بَقَرَةٌ.

هٰذا مَكْتَبٌ، وَتِلْكَ بَقَرَةٌ.

هٰذا مَكْتَبٌ، وَتِلْكَ بَطَّةٌ.

٨ أُكْتُبْ (أُكْتُبِي) «نَعَمْ» أَوْ «لا» فِي الْفَراغِ :

(١) أَكُرْسِيٌّ هٰـذا؟ ______.

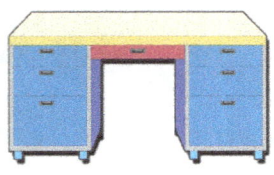

(٢) أَمَكْتَبٌ هٰـذا؟ ______.

(٣) أَبَيْتٌ هٰـذا؟ ______.

(٤) أَبَقَرَةٌ هٰـذِهِ؟ ______.

(٥) أَقَلَمٌ هٰـذا؟ ______.

٩ لَوِّنْ (لَوِّنِي) هٰـذِهِ الصُّورَةَ :

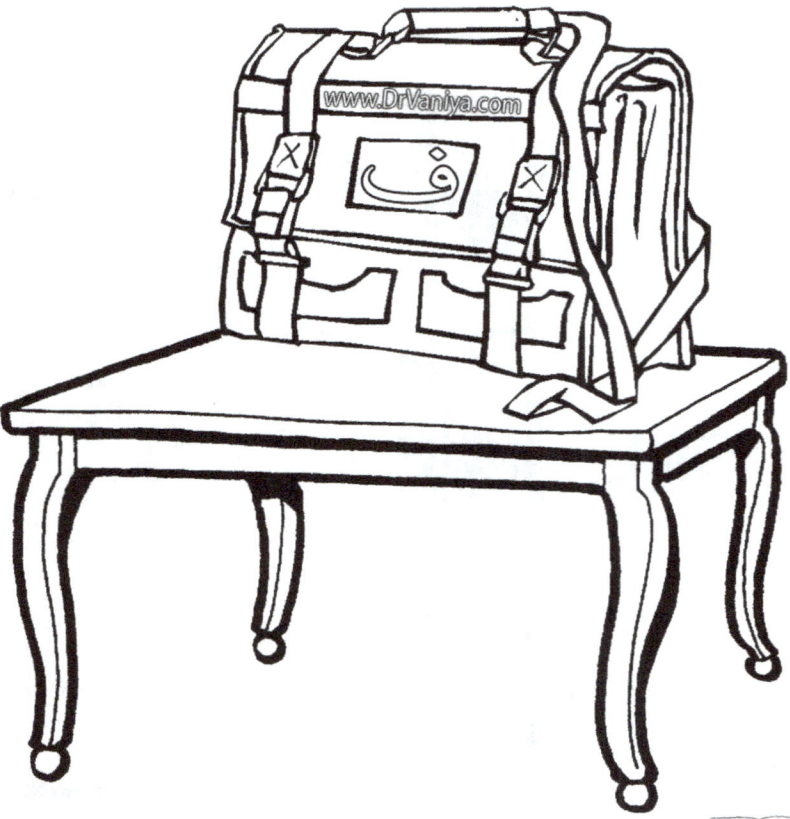

الْاسْمُ : ______

(٨) تَمارِينُ الدَّرْسِ الثَّامِنِ

١ أُكْتُبْ (أُكْتُبِي) كُلَّ كَلِمَةٍ فِيما يَلِي :

(١) الْكَبير ______ ______ ______

(٢) صَغير ______ ______ ______

(٣) الباب ______ ______ ______

(٤) هٰذا ______ ______ ______

٢ أُكْتُبْ (أُكْتُبِي) «هٰذا» أَوْ «هٰذِهِ» فِي الْفَراغِ :

(١) أَبابٌ ______؟ نَعَمْ، ______ بابٌ. الْبابُ كَبِيرٌ.

(٢) مَنْ هٰذِهِ، وَمَنْ ______؟ ______ آمِنَةُ، وَ______ خالِدٌ.

(٣) أَبَقَرَةٌ ______؟ لا، ______ بَطَّةٌ. وَالْبَطَّةُ صَغِيرَةٌ.

٣ أُكْتُبْ (أُكْتُبِي) «ـهـ» أَوْ «هـ» :

(١) مَسْجِد	(٦) الْكُرْسِيّ
(٢) الْمَسْجِد	(٧) عائِشَة
(٣) فاطِمَة	(٨) الْقَلَم
(٤) عارِف	(٩) باب
(٥) كُرْسِيّ	(١٠) الْبَيْت

٤ اِمْلَأْ (اِمْلَئِي) الْفَراغَ فِيما يَلِي بِالْكَلِمَةِ الْمُناسِبَةِ :

بَيْتٌ ○ كَبِيرَةٌ ○ صَغِيرٌ ○ ذٰلِكَ

(١) ما تِلْكَ؟ تِلْكَ بَقَرَةٌ، وَالْبَقَرَةُ ________ .

(٢) أَكُرْسِيٌّ ________ ؟ لا، ذٰلِكَ مَكْتَبٌ.

(٣) ذٰلِكَ كِتابٌ. الْكِتابُ ________ .

(٤) هٰذا ________ . الْبَيْتُ كَبِيرٌ.

٥ صِلْ (صِلِي) بَيْنَ الْأَسْئِلَةِ وَالْأَجْوِبَةِ :

أَكَبِيرٌ الْبابُ؟	لا ، الْبابُ كَبِيرٌ.
مَنْ تِلْكَ؟	نَعَمْ، الْكِتابُ صَغِيرٌ.
مَنْ ذٰلِكَ؟	هٰذِهِ بَطَّةٌ.
أَصَغِيرٌ الْكِتابُ؟	ذٰلِكَ خالِدٌ.
أَصَغِيرٌ الْبابُ؟	لا ، الْبابُ صَغِيرٌ.
ما هٰذا؟	هٰذا كُرْسِيٌّ.
ما هٰذِهِ؟	تِلْكَ آمِنَةُ.

٦ صِلْ (صِلِي) بَيْنَ الْجُمَلِ وَالصُّوَرِ :

أَقَلَمٌ هٰذا؟ نَعَمْ.

تِلْكَ بَطَّةٌ.

أَآمِنَةُ تِلْكَ؟ نَعَمْ.

ذٰلِكَ بابٌ.

هٰذا بابٌ.

أَكَبِيرَةٌ هٰذِهِ؟ نَعَمْ.

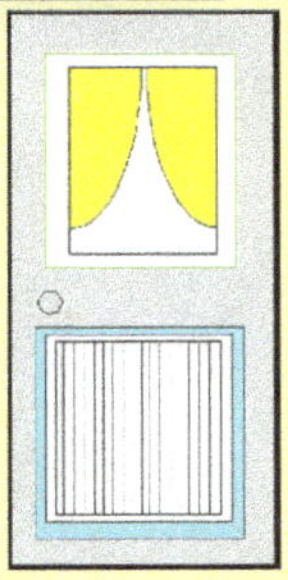

الْمَكْتَبُ صَغِيرٌ.

(٩) تَمارِينُ الدَّرْسِ التَّاسِعِ

١ أُكْتُبْ (أُكْتُبِي) كُلَّ كَلِمَةٍ فِيما يَلِي :

(١) القط ______ ______ ______

(٢) حقيبة ______ ______ ______

(٣) كرة ______ ______ ______

(٤) حصان ______ ______ ______

٢ أُكْتُبْ (أُكْتُبِي) «ذٰلِكَ» أَوْ «تِلْكَ» فِي الْفَراغِ :

(١) ______ قِطٌّ، وَ______ بَطَّةٌ، وَ______ حِصانٌ.

(٢) أَفاطِمَةُ ______؟ لا، تِلْكَ آمِنَةُ. فاطِمَةُ كَبِيرَةٌ، وَآمِنَةُ صَغِيرَةٌ.

(٣) ما ذٰلِكَ، وَما ______؟ ______ مَكْتَبٌ، وَ______ كُرَةٌ.

٣ اُكْتُبْ (اُكْتُبِي) «وو» أَوْ «و» أَوْ «ــِ»
   أَوْ «٥» عَلَىٰ آخِرِ كُلِّ كَلِمَةٍ :

(١) كُـــرَة   (٥) الْمَكْتَب   (٩) قِـــطّ

(٢) الْـكُـــرَة   (٦) كُرْسِـيّ   (١٠) حِصان

(٣) نَعَـــم   (٧) و   (١١) مَـــن

(٤) آمِـنَـة   (٨) عـارِف   (١٢) الْمَسْجِد

٤ اِمْلَأْ (اِمْلَئِي) كُلَّ فَراغٍ فِيما يَلِي بِالْكَلِمةِ الْمُناسِبَةِ :

| كَبِيرَةٌ ∘ هٰذا ∘ فاطِمَةُ ∘ مَسْجِدٌ ∘ لا |

(١) ما هٰذا؟ أَ _____ هٰذا؟   نَعَمْ، _____ مَسْجِدٌ.

(٢) الْحَقِيبَةُ صَغِيرَةٌ، وَالْكُرَةُ _____ .

(٣) أَآمِنَةُ تِلْكَ؟ _____ ، تِلْكَ فاطِمَةُ.

(٤) مُحَمَّدٌ صَغِيرٌ، وَ _____ صَغِيرَةٌ.

٢٨

٥ أُكْتُبْ (أُكْتُبِي) «ما» أَوْ «مَنْ» فِي الْفَراغِ :

(١) ______ هٰذِهِ؟ هٰذِهِ بَطَّةٌ. أَصَغِيرَةٌ الْبَطَّةُ؟ لا.

(٢) وَذٰلِكَ، ______ ذٰلِكَ؟ ذٰلِكَ عارِفٌ.

(٣) ______ هٰذِهِ، وَ______ تِلْكَ؟ هٰذِهِ فاطِمَةُ، وَتِلْكَ بَقَرَةٌ.

(٤) ______ ذٰلِكَ، وَ______ تِلْكَ؟ ذٰلِكَ حِصانٌ، وَتِلْكَ آمِنَةُ.

٦ اِمْلَأْ (اِمْلَئِي) كُلَّ فَراغٍ فِيما يَلِي بِالْكَلِمَةِ الْمُناسِبَةِ :

ذٰلِكَ ○ مَكْتَبٌ ○ أَ ○ نَعَمْ ○ صَغِيرَةٌ

(١) هٰذِهِ حَقِيبَةٌ. الْحَقِيبَةُ ______.

(٢) ما ذٰلِكَ؟ أَمَكْتَبٌ ذٰلِكَ؟ نَعَمْ، ذٰلِكَ ______.

(٣) ______ بَطَّةٌ تِلْكَ؟ لا، تِلْكَ بَقَرَةٌ.

(٤) مَنْ هٰذا؟ أَمُحَمَّدٌ هٰذا؟ ______، هٰذا مُحَمَّدٌ.

(٥) هٰذا حِصانٌ، وَ______ قِطٌّ. الْحِصانُ كَبِيرٌ، وَالْقِطُّ صَغِيرٌ.

٧ صِلْ (صِلِي) بَيْنَ الْأَسْئِلَةِ وَالْأَجْوِبَةِ :

أَحِصانٌ ذٰلِكَ؟	ذٰلِكَ عارِفٌ.
أَحِصانٌ هٰذا؟	ذٰلِكَ مَكْتَبٌ.
ما تِلْكَ؟	لا ، الْكُرَةُ كَبِيرَةٌ.
مَنْ تِلْكَ؟	لا ، الْكُرَةُ صَغِيرَةٌ.
أَكَبِيرَةٌ الْكُرَةُ؟	تِلْكَ فاطِمَةُ.
أَصَغِيرَةٌ الْكُرَةُ؟	تِلْكَ حقيبةٌ.
ما ذٰلِكَ؟	لا ، هٰذا قِطٌّ.
مَنْ ذٰلِكَ؟	نَعَمْ، ذٰلِكَ حِصانٌ.

٨ صِلْ (صِلِي) بَيْنَ الْجُمَلِ وَالصُّوَرِ :

هٰذا حِصانٌ، وذٰلِكَ قِطٌّ.

هٰذِهِ بَقَرَةٌ.

هٰذِهِ بَطَّةٌ، وَتِلْكَ بَقَرَةٌ.

تِلْكَ بَقَرَةٌ.

هٰذِهِ بَقَرَةٌ، وَتِلْكَ بَطَّةٌ.

الْبَطَّةُ صَغِيرَةٌ.

هٰذا قِطٌّ، وَذٰلِكَ حِصانٌ.

الْبَطَّةُ كَبِيرَةٌ.

٩ أُكْتُبْ (أُكْتُبِي) «نَعَمْ» أَوْ «لا» فِي الْفَراغِ :

(١) أَقِطٌّ هٰذا؟ ______. (٤) أَقِطٌّ هٰذا؟ ______.

(٢) أَحِصانٌ هٰذا؟ ______. (٥) أَبَقَرَةٌ هٰذِهِ؟ ______.

(٣) أَحِصانٌ هٰذا؟ ______. (٦) أَبَطَّةٌ هٰذِهِ؟! ______.

١٠ أُدْخُلْ (أُدْخُلِي) مِنْ هُناكَ، وَٱخْرُجْ (وَٱخْرُجِي) مِنْ هُنا :

الْاَسْمُ : ____________

(١٠) تَمارِينُ الدَّرْسِ الْعاشِرِ

١ أُكْتُبْ (أُكْتُبِي) كُلَّ كَلِمَةٍ فِيما يَلِي :

(١) طَبِيب ________ ________ ________

(٢) الْمدرس ________ ________ ________

(٣) مدرسة ________ ________ ________

(٤) الطبيبة ________ ________ ________

٢ أُكْتُبْ (أُكْتُبِي) «هٰذا» أَوْ «هٰذِهِ» فِي الْفَراغِ :

(١) ______ مُدَرِّسَةٌ، وَ______ مُدَرِّسٌ.

(٢) مَنْ ______؟ هٰذا طَبِيبٌ. ______ طَبِيبٌ كَبِيرٌ.

(٣) ما هٰذِهِ؟ ______ بَطَّةٌ. هٰذِهِ بَطَّةٌ كَبِيرَةٌ.

٣ أُكْتُبْ (أُكْتُبِي) «ٌ» أَوْ «ُ» أَوْ «ـ» أَوْ «ة» عَلَىٰ آخِرِ كُلِّ كَلِمَةٍ :

(١) كُــرَة
(٢) الْكُــرَة
(٣) آمِــنَــة
(٤) ذٰلِــك
(٥) قِــــط
(٦) عــــارِف
(٧) الْمُدَرِّسَــة
(٨) طَبِيبَــة
(٩) الْكُرْسِــي
(١٠) الطَّبِــيــب
(١١) مَــــــن
(١٢) مُـــدَرِّس

٤ اِمْلَأْ (اِمْلَئِي) كُلَّ فَراغٍ فِيما يَلِي بِالْكَلِمَةِ الْمُناسِبَةِ :

صَغِيرٌ ○ لا ○ آمِنَةُ ○ قَلَمٌ ○ الْكُرَةُ ○ مُحَمَّدٌ

(١) ما ذٰلِكَ؟ أَبَيْتٌ ذٰلِكَ؟ ـــــــ، ذٰلِكَ مَسْجِدٌ.

(٢) ما هٰذا؟ هٰذا ـــــــ. الْقَلَمُ ـــــــ.

(٣) أَكُرَةٌ تِلْكَ؟ نَعَمْ، تِلْكَ كُرَةٌ. ـــــــ كَبِيرَةٌ.

(٤) ـــــــ مُدَرِّسَةٌ، وَخالِدٌ طَبِيبٌ.

(٥) أَطَبِيبٌ ـــــــ؟ لا، مُحَمَّدٌ مُدَرِّسٌ.

٥ كَوِّنْ (كَوِّنِي) جُمَلاً كَمَا فِي الْمِثَالِ :

● هٰـذا كِتَابٌ، وَتِلْكَ بَقَرَةٌ.

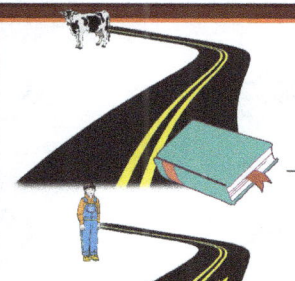

(١) ____________________

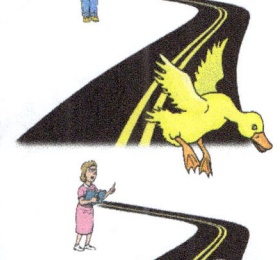

(٢) ____________________

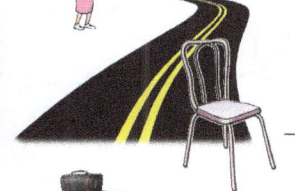

(٣) ____________________

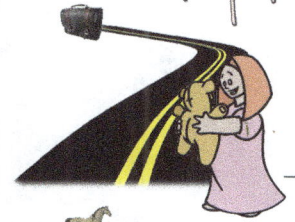

(٤) ____________________

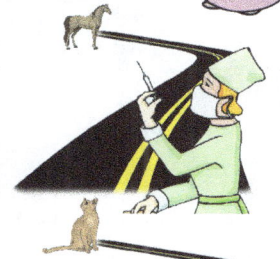

(٥) ____________________

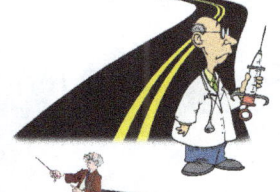

(٦) ____________________

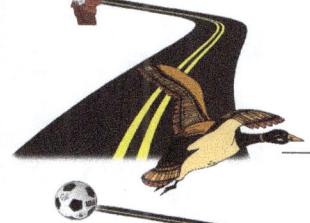

(٧) ____________________

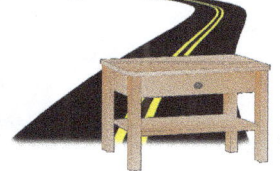

٦ أُكْتُبْ (أُكْتُبِي) «ما» أَوْ «مَنْ» فِي الْفَراغِ :

(١) ـــــ هٰذِهِ؟ هٰذِهِ مُدَرِّسَةٌ.

(٢) ـــــ هٰذا، وَ ـــــ ذٰلِكَ؟ هٰذَا مَكْتَبٌ، وَذٰلِكَ طَبِيبٌ.

(٣) وَتِلْكَ، ـــــ تِلْكَ؟ تِلْكَ كُرَةٌ.

(٤) ـــــ ذٰلِكَ، وَ ـــــ تِلْكَ؟ ذٰلِكَ خالِدٌ، وَتِلْكَ بَطَّةٌ.

٧ رَتِّبْ (رَتِّبِي) الْكَلِماتِ فِيما يَلِي تَرْتِيبًا مُناسِبًا :

[ذٰلِكَ ○ وَ ○ مَسْجِدٌ. ○ بَيْتٌ ○ هٰذا]

(١) ـــــــــــــــــــــــــــــ

[صَغِيرٌ. ○ ما ○ ذٰلِكَ ○ كِتابٌ. ○ ؟ ○ ذٰلِكَ ○ الْكِتابُ]

(٢) ـــــــــــــــــــــــــــــ

[أَ ○ فاطِمَةُ ○ نَعَمْ. ○ هٰذِهِ ○ ؟]

(٣) ـــــــــــــــــــــــــــــ

٨ اِمْلَأْ (اِمْلَئِي) كُلَّ فَراغٍ فِيما يَلِي بِالْكَلِمَةِ الْمُناسِبَةِ :

> هٰذِهِ ○ ذٰلِكَ ○ مَنْ ○ ما ○ عائِشَةُ ○ كُرْسِيٌّ

(١) ما هٰذا، وَ _____ ذٰلِكَ؟   هٰذا بابٌ، وَذٰلِكَ حِصانٌ.

(٢) هٰذِهِ آمِنَةُ، وَهٰذِهِ عائِشَةُ. آمِنَةُ مُدَرِّسَةٌ، وَ _____ طَبِيبَةٌ.

(٣) مَنْ _____، وَمَنْ تِلْكَ؟   هٰذِهِ فاطِمَةُ، وَتِلْكَ آمِنَةُ.

(٤) أَ _____ هٰذا؟   نَعَمْ، وَالْكُرْسِيُّ كَبِيرٌ.

(٥) _____ ذٰلِكَ؟ أَطَبِيبٌ _____؟   لا، ذٰلِكَ مُدَرِّسٌ.

٩ اُكْتُبْ (اُكْتُبِي) «ذٰلِكَ» أَوْ «تِلْكَ» فِي الْفَراغِ :

(١) _____ بابٌ، وَ _____ بَطَّةٌ. الْبابُ كَبِيرٌ، وَالْبَطَّةُ صَغِيرَةٌ.

(٢) أَمُدَرِّسَةٌ _____؟   نَعَمْ، _____ مُدَرِّسَةٌ.

(٣) مَنْ _____، وَما _____؟   _____ طَبِيبٌ، وَ _____ مَكْتَبٌ.

(٤) _____ آمِنَةُ. آمِنَةُ طَبِيبَةٌ. آمِنَةُ طَبِيبَةٌ كَبِيرَةٌ.

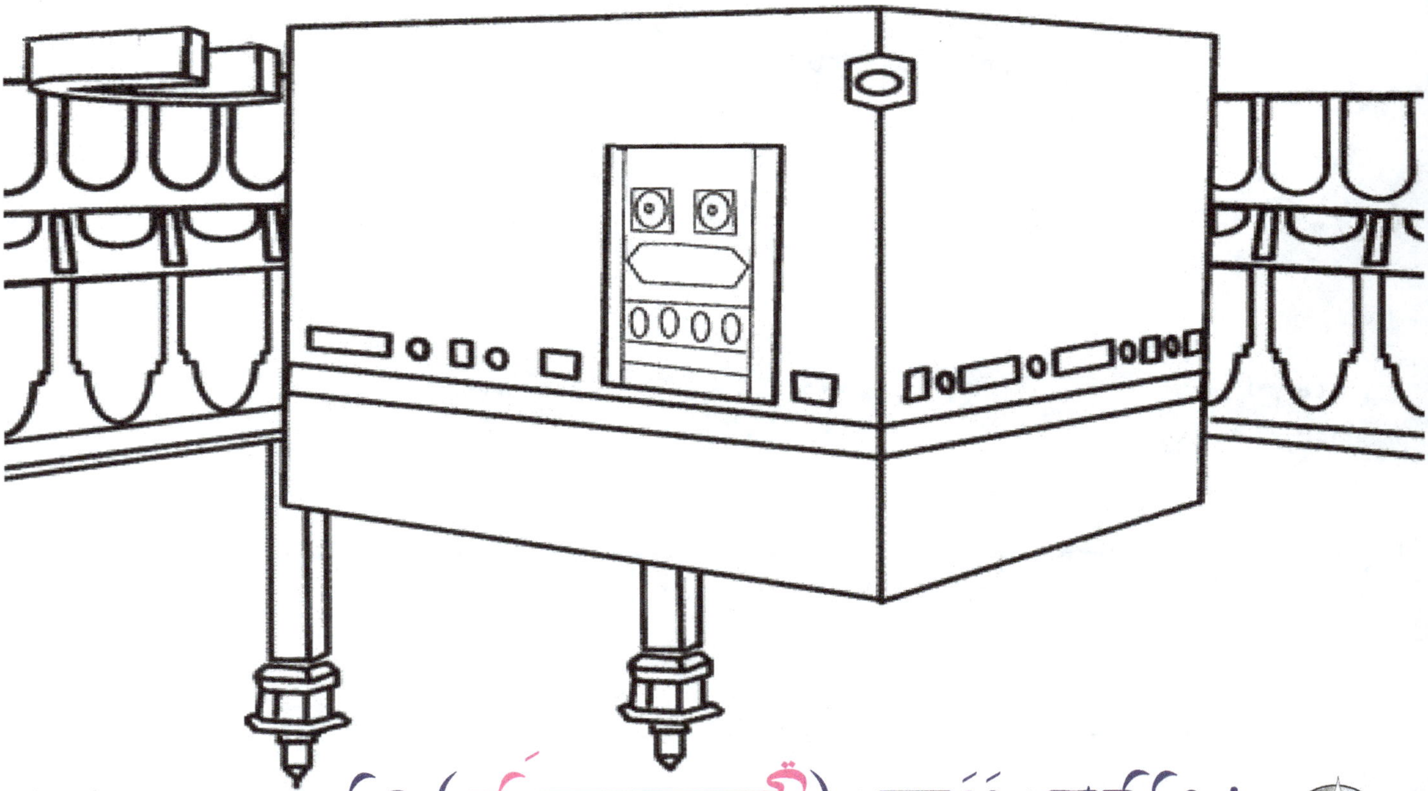

١٠ رَتِّب (رَتِّبِي) الْكَلِماتِ فيما يَلِي تَرْتيبًا مُناسِبًا :

[مَنْ ٥ عائِشَةُ. ٥ تِلْكَ ٥ تِلْكَ ٥ ؟]

(١)

_____

[هٰذا ٥ الْقَلَمُ ٥ قَلَمٌ. ٥ صَغيرٌ.]

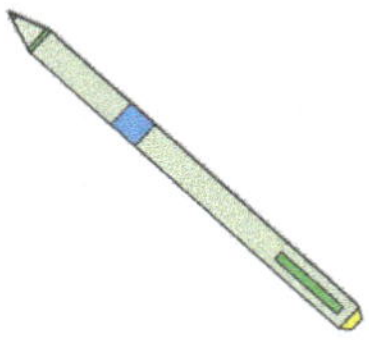

(٢)

_____

[أَ ٥ مُدَرِّسَةٌ ٥ ؟ ٥ هٰذِهِ. ٥ هٰذِهِ. ٥ لا، ٥ طَبيبَةٌ. ٥ هٰذِهِ]

(٣)

_____

١١ لَوِّنْ (لَوِّنِي) هٰذِهِ الصُّورَةَ :

الْاسْمُ : ____________

(١١) تَمارِينُ الدَّرْسِ الْحادِي عَشَرَ

١ اِمْلَأْ (اِمْلَئِي) الْفَراغَ بِالْحَرْفِ الصَّحِيحِ :

(١) بَـــ ـــتٌ	(٥) تِلْـــ	(٩) طَـــ ـيْبَةٌ
(٢) ـــ ـعَمْ	(٦) كَـــ ـيْرٌ	(١٠) قِـــ
(٣) كِتا ـــ	(٧) حِصا ـــ	(١١) حَـــ ـيْبَةٌ
(٤) مُدَ ـــ سٌ	(٨) صَغِـــ ـرٌ	(١٢) مَـــ ـجِدٌ

٢ اُكْتُبْ (اُكْتُبِي) «ٌ» أَوْ «ٍ» أَوْ «ً» أَوْ «ـًا» عَلَى آخِرِ كُلِّ كَلِمَةٍ :

(١) الْمُدَرِّسَة	(٤) بَقَرَة	(٧) الْبَطَّة
(٢) نَعَم	(٥) الطَّبِيبَة	(٨) مَن
(٣) تِلْك	(٦) مُدَرِّسَة	(٩) حِصان

٣ كَوِّنْ (كَوِّني) جُمَلاً كَما فِي الْمِثالِ :

• ما هٰذا؟ هٰذا كِتابٌ. الْكِتابُ صَغِيرٌ.

(١) ما هٰذا؟ ________________

(٢) ما هٰذِهِ؟ ________________

(٣) مَنْ هٰذا؟ ________________

(٤) ما هٰذِهِ؟ ________________

(٥) ما هٰذا؟ ________________

(٦) مَنْ هٰذِهِ؟ ________________

(٧) ما هٰذِهِ؟ ________________

٤ اِمْلأْ (اِمْلَئِي) الْفَراغَ فِيما يَلِي بِالْكَلِمَةِ الْمُناسِبَةِ :

حِصانٌ ○ كَبِيرٌ ○ فاطِمَةُ ○ تِلْكَ ○ مُدَرِّسَةٌ ○ عائِشَةُ

(١) هٰذِهِ ________ . فاطِمَةُ كَبِيرَةٌ.

(٢) ________ عائِشَةُ. ________ ________.

(٣) أَقِطٌّ ذٰلِكَ؟ لا، ذٰلِكَ ________ . وَالْحِصانُ ________.

٥ رَتِّبْ (رَتِّبِي) الْكَلِماتِ فِيما يَلِي تَرْتِيبًا مُناسِبًا :

[أَ ○ طَبِيبَةٌ ○ لا، ○ ؟ ○ عائِشَةُ ○ مُدَرِّسَةٌ. ○ عائِشَةُ]

(١) ________________________________

[تِلْكَ ○ صَغِيرَةٌ. ○ بَطَّةٌ. ○ الْبَطَّةُ]

(٢) ________________________________

[هٰذا ○ آمِنَةُ. ○ خالِدٌ ○ وَ ○ هٰذِهِ]

(٣) ________________________________

٦ كَوِّنْ (كَوِّنِي) جُمَلاً كَما فِي الْمِثالِ :

• مَنْ تِلْكَ؟ تِلْكَ مُدَرِّسَةٌ. الْمُدَرِّسَةُ كَبِيرَةٌ.

(١) مَنْ ذٰلِكَ؟ ______

(٢) ما تِلْكَ؟ ______

(٣) ما ذٰلِكَ؟ ______

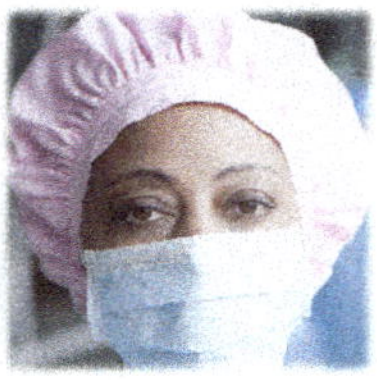

(٤) مَنْ تِلْكَ؟ ______

(٥) ما ذٰلِكَ؟ ______

(٦) ما تِلْكَ؟ ______

(٧) مَنْ ذٰلِكَ؟ ______

٧ رَتِّبْ (رَتِّبِي) الْكَلِماتِ فِيما يَلِي تَرْتِيبًا مُناسِبًا :

[صَغِيرٌ ◦ فاطِمَةُ ◦ وَ ◦ عارِفٌ ◦ كَبِيرَةٌ.]

(١) ________________

[مَنْ ◦ عائِشَةُ. ◦ تِلْكَ ◦ ؟ ◦ تِلْكَ]

(٢) ________________

[الْحِصانُ ◦ صَغِيرَةٌ. ◦ كَبِيرٌ ◦ وَ ◦ الْبَقَرَةُ]

(٣) ________________

٨ اِمْلَأْ (اِمْلَئِي) الْفَراغَ فِيما يَلِي بِالْكَلِمَةِ الْمُناسِبَةِ :

ذٰلِكَ ◦ بابٌ ◦ مَنْ ◦ حَقِيبَةٌ ◦ ما ◦ كُرَةٌ

(١) أَ________ تِلْكَ؟ لا، تِلْكَ ________.

(٢) هٰذا ________، وَ________ بَيْتٌ.

(٣) ________ هٰذا، وَ________ ذٰلِكَ؟ هٰذا قِطٌّ، وَذٰلِكَ خالِدٌ.

٩ رَتِّبِ (رَتِّبِي) الْكَلِماتِ فِيما يَلِي تَرْتِيبًا مُناسِبًا :

[أَ ○ لا، ○ مَسْجِدٌ. ○ ذٰلِكَ ○ ذٰلِكَ ○ ؟ ○ بَيْتٌ]

(١) ______________________________

[مَنْ ○ مُدَرِّسَةٌ. ○ تِلْكَ ○ الْمُدَرِّسَةُ ○ ؟ ○ تِلْكَ ○ صَغِيرَةٌ.]

(٢) ______________________________

[هٰذا ○ وَ ○ وَ ○ حِصانٌ ○ قِطٌّ ○ بَطَّةٌ. ○ هٰذِهِ ○ هٰذا]

(٣) ______________________________

١٠ أُدْخُلْ (أُدْخُلِي) مِنْ هُنا، وَٱخْرُجْ (وَٱخْرُجِي) مِنْ هُناكَ :

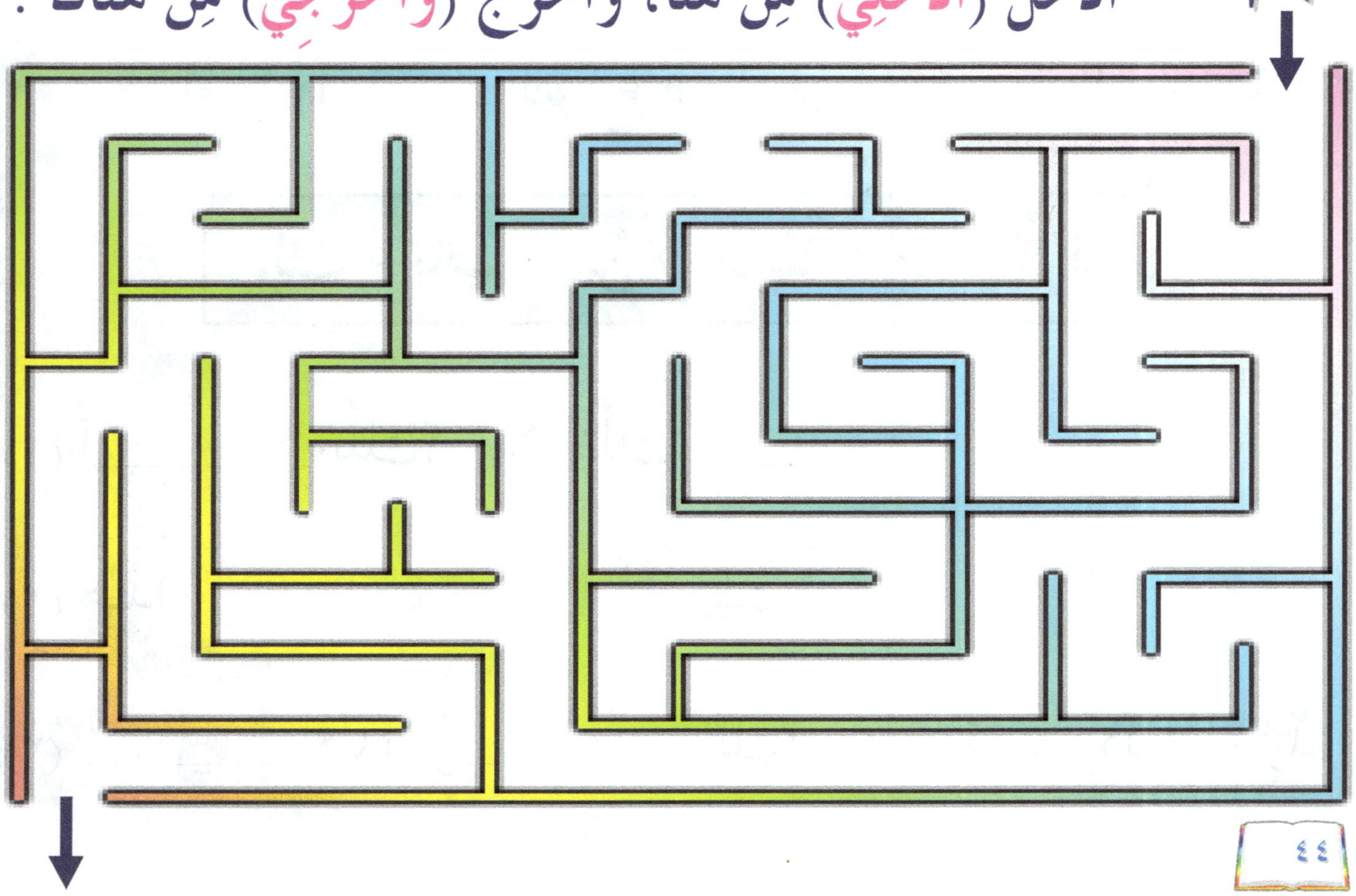

Dictation / الْإِمْلاءُ

L3

About The Author

Muhammad Taha Abdullah is an American convert to Islam since 1989. He studied at the Islamic University of Medinah, Saudi Arabia in the early 1990's. He is forty-four years old, married, has nine children and resides in Malaysia. He has been teaching Arabic for almost twenty years, and has written over 25 books related to Dr V. Abdur Rahim's revolutionary books and methodology.

About The Reviser

Dr V. Abdur Rahim is an outstanding scholar of Arabic Language. He was Professor of Arabic for 30 years at the world renowned Islamic University, Medinah, Saudi Arabia, and has been teaching Arabic to non-native speakers for 50 years. He is currently the director of the Translation Centre at the King Fahd Qur'an Printing Complex.

How This Book Was Made

This book was created with Microsoft Word 2007. Adobe Illustrator and Photoshop (Middle Eastern versions) were used for the drawings, illustrations and pictures which were then inserted into Word. The Word document was converted into a PDF using Adobe Acrobat Pro version 9.0.

Only Traditional Arabic (مِثْلُ هٰذا) was used which I've modified using a font creator program; **bold dark blue** for captions, **bold pink** for feminine verbs, **bold purple** and **black** for text, and **bold brown** for examples. Font size begins at 40, and ends at 32.

The font for traced words is Uthman Taha Naskh Bold (مِثْلُ هٰذا), which begins at 72 points at page one, and ends at 50.

For page numbers I've used Simplified Arabic (١ ٢ ٣), as I've found it to be a bit easier to distinguish.

Please visit both Dr V. Abdur Rahim's website as well as mine for additional material and info relating to the Arabic Language, as well as teaching methodology :

www.DrVaniya.com   **www.Taha-Arabic.com**

❀   ❀   ❀

Books By Muhammad Taha Abdullah and Dr V. Abdur Rahim :

www.ingramcontent.com/pod-product-compliance
Lightning Source LLC
Chambersburg PA
CBHW080930100426
42737CB00049B/2988
* 9 7 8 9 6 7 0 4 2 8 0 4 8 *